Kiadja a Magyar Távirati Iroda
Verlag: Ungarische Nachrichtenagentur (MTI)
Published by the Hungarian News Agency (MTI)
Felelős kiadó / Verantw. Herausgeber / Publisher:
István Bara, igazgató / Direktor / Director

ISBN 963 7262 22 9

Révai Nyomda Egri Gyáregység
Druckerei Révai, Eger
Révai Printing Press, Eger
Felelős vezető / Verantw.: / Manager: Dr. Márta Horváth

Horling Róbert

SZEGED

Bevezető szöveg / Geleitwort / Introduction
Dr. Trogmayer Ottó

© KÉP
BILD
PHOTO   RÓBERT HORLING

© SZÖVEG
TEXT
TEXT   Dr. OTTÓ TROGMAYER

LEKTOR
FACHLEKTOR
TEXT REVISED BY   Dr. LÁSZLÓ PÉTER

FORDÍTOTTA
ÜBERSETZT VON
TRANSLATED BY   KATALIN FENYVES / JUDIT SZÖLLŐSY

TERVEZTE
GESTALTUNG
DESIGNED BY   JÓZSEF ORBÁN

KÉPSZERKESZTŐ
BILDREDAKTEUR
PICTURE EDITOR   MÁRIA SIVÓ

SZERKESZTŐ
REDAKTEUR
EDITOR   GYÖRGY FELMÉRY

S zeged „A magyar Alföld legszebb délibábja…" A felettünk futó idő múlását nem önmagunk, hanem környezetünk változásán vesszük észre. Három évtizede, hogy egy forró júliusi délutánon megpihentem a Dugonics tér fái alatt. A három évtized elrepült, s a köröttem élő város egyszerre vált felnőtté, miközben fiatalodott is, nagyvárosi allűrökkel kacérkodva megőrizte kisvárosi, falusi, bensőséges hangulatú részeit.

Szeged, a város kinek-kinek mást és mást jelent. Mindenképpen több azonban, mint a köztudatba ivódott nevezetességei: a szegedi papucs, a szegedi paprika, a szegedi halászlé és a szegedi szalámi. Szeged ma az ország egyik szellemi központja. Kutatóintézetei, alkotó szellemisége hírét hazánk határain messze túl sugározza. Ipari és mezőgazdasági központ, mely az ország gazdasági vérkeringésének egyik fontos ütőere. Művészeti központ, mely rangos alkotóművészeket vonz magához.

Szeged a Kárpát-medencének csaknem mértani középpontján fekszik. Összekötő kapocs a Tisza mentén Erdély és a Dunántúl, a Balkán és Közép-Európa között. Fontos kereskedelmi utak metszéspontjánál épült, ahol évezredek óta folyamatosan áramlottak a különböző nyersanyagok és késztermékek. Kialakulásában meghatározott szerepe volt a Tiszának és a Marosnak, melyek egyúttal az észak–déli és a kelet–nyugati kereskedelmi vízi utat is jelentették. A Duna–Tisza közi homokvilágon már a rómaiak korában karavánút vezetett át, mely a Maros torkolatvidékét összekapcsolta a Dunával.

A Tisza-parti szigeten a II. században római kereskedőállomás állott, s a szegedi vár alaprajza arra utal, hogy katonai tábor is lehetett itt, melynek nyomvonalát követték a középkori építkezések. Az Alföld szívét uraló erősség egyik sarokbástyájának falai ma is látszanak a Tisza-parton, innen húzódott a vár déli fala a Széchenyi térig, majd a mai megyei bíróságnál fordult vissza a Tisza felé. A középkori paloták a mai Vár utca mentén állhattak, temploma a színház és a vármaradvány között lehetett. Már az Árpád-korban jelentős erősségre kell gondolnunk, melynek fő feladata a királyi sóraktárak védelme volt. A tatárjárás felégette a várost, de IV. Béla király korában újjáépítették. Ekkor kapta meg Szeged a királyi városok jogát.

A XV. századtól a vár a török ellen induló hadműveletek egyik kiindulópontja volt. Az 1526. augusztusi mohácsi katasztrófa után a törökök szeptember 28-án felprédálták a várost. 1543-ban Szegeden is megkezdődött a csaknem másfél századig tartó török uralom, a polgárság jelentős része északra menekült, Debrecenbe, Kassára, Nagyszombatba. Magukkal vitték azt a szellemi kultúrát, mely Szeged reneszánsz kori műveltségét az ország élvonalába emelte. Szeged vára és a város oly nagy jövedelmű volt, hogy közvetlenül a szultánnak adózott. Így mint „khasz" város számos kiváltságban részesült. A tö-

rök gondosan ügyelt arra, hogy legyen kin behajtania az adót, így a város környékének falvait és városkáit csak az 1596. évi nagy hadjárat martalócai perzselték fel. Ez meghatározta a város elkövetkező évszázadait. A pusztává vált területek maradék lakossága a városban keresett menedéket, majd innen rajzott ki újra a török uralom megszűntével. A császári seregek a várat 1686-ban visszafoglalták, a török családok elmenekültek, emléküket néhány családnév őrzi csupán.

A XVIII. sz. elejéről, 1713-ból származik a város első hiteles felmérése, akkor még jól elkülönült a három történelmi városrész. Feltehetően a korai Árpád-korig visszavezethető a vár és a hozzá csatlakozó palánk, mint központi mag mellett két szigeten jött létre önálló település, melyek neve mindmáig megmaradt Alsóváros – Alszeged; illetve Asszonyfalva–Felszeged–Felsőváros néven. Ez utóbbi neve jelzi, hogy egykor királynői birtok volt.

A XV. századra, amikor már álltak a Palánkban az ország előkelőségeinek házai, nagyjából kirajzolódott az a városkép, melyet jellemzőnek tarthatunk a XIX. sz. derekáig.

A török kiűzése után a vár megőrizte fontos stratégiai jelentőségét, innen irányították a határőrvidékre telepített rácokat, valamint a török elleni felszabadító harcokat. A Rákóczi-felkelés hírére sokan csatlakoztak a fejedelem seregeihez, a kurucok 1704 nyarán meg is ostromolták Szegedet, eredménytelenül.

A török megszállást az osztrák császári uralom váltotta fel. A császári kamara csorbítani igyekezett a város jogait. A dunántúli városokhoz hasonló barokk városközpont nem alakult ki, mert a csanádi püspök – aki a török uralom elől Nagyszombatba menekült – nem a városba telepedett vissza. Az új püspöki székhelyet Temesvárra tette.

Nehezen pótolta Szeged a szellemi vérveszteséget: művelt polgárai északra menekültek. 1721-ben azonban megnyitották a Piaristák Gimnáziumát, mellyel egy napjainkra kiteljesedett kulturális központ első palántáját ültették el.

A török kivonulásával keletkezett etnikai vákuum igen sok új elem megtelepedését tette lehetővé. A XVII. század végén, a XVIII. század elején a török területekről ezrével érkeztek a menekülő rácok, akik közül igen sokan letelepedtek a Palánkban. Ezt a városrészt egy időre Rácvárosnak is nevezték. Itt épült fel templomuk is, melynek 1761-ben készült ikonosztáza a kor egyik remekműve. Az új telepesek között találunk császári hivatalnokokat, de a felszabadító seregek Nyugat-Európából ideszakadt katonáit is. A jövevények és a régi lakosság közötti ellentéteket elmélyítették a természeti csapások. Így került sor 1728-ban a hírhedt szegedi boszorkányperre. A bevádolt, többségükben idős személyek – köztük a város főbírája, az agg Rózsa Dániel – a szörnyű kínvallatások nyomán

„bevallották" boszorkányos cselekedeteiket, magukra vállalván a természeti csapások előidézését. A Tisza-parton fellobbantak a máglyák, fényükkel hirdetve az emberi irigység, tudatlanság, rosszindulat, bosszúvágy hatalmát. A 13 elítélt hamvait a Tiszába szórták. A pernek több áldozata is volt, tudunk olyanokról, akik a börtönben pusztultak el. Azt a Tisza-parti részt, ahol a kivégzések történtek, mindmáig Boszorkányszigetnek nevezik.

A szellem napvilága a század második felében kezdett „besütni" a szegedi házak ablakán. Ekkor élt és alkotott Szegeden Dugonics András, az első magyar regény írója, a magyar matematikai nyelv megalkotója. Dugonics nyomán használjuk mindmáig többek között az „egyenlet" és „derékszög" szavainkat. A szegedi vár a Temesköz felszabadulása és a török visszavonulása után veszített stratégiai jelentőségéből, s a század végétől börtönként is használták. Egyesek szerint a XIX. században itt sínylődött olasz rabok munkája alapozta meg a szegedi szalámi hírét, mások szerint a Lombardiában katonáskodó szegediek honosították meg az „olaszkóbászt". A szegedi szalámi színhúsból készül, fűszerezésének titkát napjainkig a szalámimesterek őrzik. A Tisza partján álló érlelőépületben a különleges, párás mikroklímában jön létre az a finom penészbevonat (nemespenész), amely a szegedi szalámi utolérhetetlen zamatát adja. A szalámihoz mint alapfűszer természetesen a paprika is hozzátartozott. A paprika a török uralom alatt vált ismertté Szegeden és környékén. A korai időszakban malária elleni orvosságként használták, igazi fűszernövénnyé a XIX. században vált. Szegeden szakértő termelői az alsóvárosi parasztok voltak. Alsóváros vagy „Paprikaváros" napjainkig is szinte külön életet él, megmaradt falunak, vagy talán mezővárosnak. Házainak napsugaras oromdíszei a szegedi népi építészet remekei.

A XVIII., XIX. század nagyarányú kirajzások időszaka. A Dél-Alföldön, a Bácskában és a Bánátban is számos mai falu magját alkották szegedi telepesek.

A kirajzások nyomán jött létre a szegedi tanyavilág. A város bérbe adta birtokait, méghozzá a központtól folyamatosan kifelé táguló zónákban. A legkorábbi bérlők a városhoz legközelebb eső földeket kapták, a későbbiek tanyája már 25–30 km-re esett a szülőháztól. A korai időszakokban a városból jártak ki a földet művelni, később a nagy távolság ezt lehetetlenné tette, így előbb csak a nyári időszakban éltek a bérelt földön, majd felépült a tanya, ez a csaknem teljesen önellátó gazdasági egység, a bérelt föld közepén. Hosszú évtizedek során kialakult a szőlő-, gyümölcstermelésre berendezkedő, belterjes gazdálkodást folytató szegedi tanyavilág, amely rendkívül fontos gazdasági tényezője lett a Dél-Alföldnek.

A város történetében a XVIII. sz. vége a XIX. sz. első fele a folyamatos, lassú fejlődés időszaka. Vedres István mérnök (1765–1830) nagyralátó tervei – kereskedelmi központ, Duna–Tisza-csatorna – nem valósultak ugyan meg, de felépültek az általa tervezett házak, növekedtek az általa telepített erdők, felépült a mindmáig álló városháza, melyben 1800 őszén megtartották az első színielőadást. 1801 végétől már működött a Széchenyi téren Grünn Orbán könyvnyomdája, 1800-tól szépítő bizottmány felügyelte a város építészeti fejlődését. E bizottmány jelentős alakja volt Bainville József városi főmérnök (1806–1896). 1861-től a belvárosban már csak emeletes házakat engedtek építeni. A XIX. századi Szeged emlékét őrzi a Grünn Orbán-, a Dáni-, a Fekete-, a Zsótér-, a Kárász-ház. Az Oskola utca egy része is e korból származik. A múlt század néhány gyönyörű épülete (Sulkowszky-ház, Schäffer-ház, Török-ház, Brauswetter-ház) a legújabbkori átépítési láznak esett áldozatul. 1829-ben megalakult a polgári értelmiséget összefogó szegedi kaszinó. Az 1833. évi bemutatkozás után – ekkor Széchenyi hajóval látogatott Szegedre – 1845-ben a Tiszán megindult a gőzhajózás, 1853–54-ben kiépítették a vasútvonalat Pestig. 1865-ben épült a Gázgyár, ezzel egyidőben megindult a közvilágítás bevezetése. Az utcákat, melyeken korábban tengelyig ért a sár, kockakővel burkolták.

Az 1848. március 15-i hírek igen gyorsan Szegedre érkeztek, s rövidesen sokan csatlakoztak a szabadságharchoz. 1848 októberében Kossuth Lajos Szegeden mondott toborzó beszédet, majd elrendelte a várban sínylődő több száz olasz fogoly szabadon bocsátását. 1849 nyarán rövid ideig Szeged lett az ország fővárosa, itt ülésezett a kormány és az országgyűlés. Július 14-én a Zsótér-házban írta alá Kossuth Lajos Nicolae Bâlcescuval a megbékülési tervet, mely a Duna-völgyi népek összefogásának fontos kiindulópontja lehetett volna. A világosi fegyverletétel után lelassult a város fejlődése, mely csak a kiegyezés után kezdett újra felgyorsulni.

Ezt a fellendülést törte derékba az 1879 tavaszán bekövetkezett katasztrófa. A Tisza áradásai az évszázadok folyamán állandóan fenyegették a várost. Az olasz mérnök, Paleocapa tervei alapján készült átvágások meggyorsították a felső szakaszról zúduló víz folyását, így az alsó szakaszon minden eddigit felülmúló árhullám alakult ki, mely 1879. március 5-én Szegedtől északra áttörte a gátat és hatalmas területet öntött el. A tengerré duzzadt folyónak a várost védő vasúti töltések és az ideiglenes gátak nem tudtak ellenállni. Március 12-ének hajnalán a csongrádi oldalon beömlő áradat a virágzó települést a földdel tette egyenlővé. A város egyik legmagasabb pontján, az alsóvárosi templomban is szemmagasságig ért a víz, amit az egyik ajtóra rótt egykori mérce tanúsít. A város lakosságának életét a vár sáncai mentették meg, valamint Pulcz tábornok katonái, akik felkészülve a veszedelemre, csónakokkal szedték össze a fákra, roggyant háztetőkre menekülteket.

A katasztrófa után példátlan gyorsasággal építették

újjá a várost. Az újjáépítést Tisza Lajos királyi biztos irányította, a város terveit nyugati példák alapján Lechner Lajos és a vezetése alatt álló mérnökcsoport készítette. A pókháló szerkesztésű körút–sugárút rendszerű városkép csak részben követte a történeti város szerkezetét. Feltöltötték a város egy részét borító mocsaras részeket, „csöpörkéket, limányokat". Szabályozták az utcák szélességét, majd felépült az új közúti híd, melyet Feketeházy János tervei alapján az Eiffel cég készített. Ekkor építették a várost övező körtöltést, a szegedi „kínai falat". Az újjáépítésnek esett áldozatul a szegedi vár, gótikus palotáival, templomaival együtt. Szerény kárpótlás a tégláiból épült polgárházak sora. A „nagyvíznek" köszönheti Szeged korszerű belvárosát, a „palotás várost". Ekkor alakult ki a belvárosra jellemző eklektikus városkép.

Az I. világháború kitörésekor Szeged pezsgő, gazdag, az igazi prosperitás küszöbén álló közép-európai város.

1919 forradalma csak néhány napig világított Szegeden, mert a várost a franciák hamarosan megszállták. Az elbukott forradalom, a trianoni verdikt, majd a gazdasági válság súlya alatt a város fejlődése megállt. Jószerivel csak a tudományos, kulturális élet virágzott. 1921-ben Szegedre települt a kolozsvári egyetem, s ezzel erős szellemi hátteret kapott a város. Itt élt és dolgozott a mindmáig egyetlen Magyarországon Nobel-díjat kapott tudós, Szent-Györgyi Albert, innen indult világhírre a szegedi matematikai iskola.

1913-ben kezdték el a Fogadalmi templom építését Schulek Frigyes tervei alapján, amelynek kivitelezését Foerk Ernő irányította. A jellegzetes szegedi épületet egy késő románból átépített barokk templom (a Dömötör templom) lebontása árán valósították meg. Az építkezést a háború félbeszakította ugyan, de 1923 és 30 között befejezték, s a csanádi püspökség Szegedre költözésével kiépült a Dóm tér árkádsora Rerrich Béla tervei szerint.

A II. világháború viszonylag kevés kárt okozott a városnak. Az újabb föllendülés a 60-as évek közepén a szegedi nehézipar, az olajbányászat létrejöttével indult. A korábbi hagyományos városrészek mellett új negyedek születtek. Jelentős népességáramlás indult a város felé, egyidejűleg hozzácsatolták a szomszédos településeket, így a város lakossága napjainkra megközelíti a 200 000 főt. Parkjait, tereit több mint 450 képzőművészeti alkotás díszíti, ezért Szegedet a szobrok városának is nevezik. A fővároson kívül Szeged lehet legbüszkébb irodalmi hagyományaira. Dugonics András, Mikszáth Kálmán, Tömörkény István, Gárdonyi Géza, Móra Ferenc, Babits Mihály, Juhász Gyula, József Attila, Radnóti Miklós élt és dolgozott itt, hogy csak a legnagyobbak neve említtessék. Legtöbbjüket ide sodorta a sors, s legtöbbjüket magával ragadta a város varázsa. A városé, melynek utcáit ősztől tavaszig az iskoláiba ideözönlött fiatalság szépsége színesít, nyaranta pedig a szabadtéri játékokra idelátogatók tömege tarkít. A Dóm tér architektúrája önként kínálkozott szabadtéri színpadi bemutatók megrendezésére, melyet először 1931-ben Hont Ferenc és alkotótársai kíséreltek meg. 1933 és 39 között váltak híressé a szegedi szabadtéri előadások, melyek sorát 1959-től folytatták.

A napfény városa virágokba öltözve, tisztán várja vendégeit, s esténként a kékesfekete égbolt alatt messze hirdetik a fanfárok: „Szeged hírös város". A kiskörút végén az árvízi emlékmű krómacél lemezei csillognak a holdfényben. A sétányon a hídfőnél Juhász Gyula szobra áll, s nézi, amint a város szerelmes szívvel simul a Tiszához.

Szeged – „schönste Fata Morgana des ungarischen Tieflandes"… Nicht an den Veränderungen des eigenen Ichs merkt man, wie die Zeit vergeht, sondern an der Umwaldung der Umgebung. Vor drei Jahrzehnten, an einem heißen Julinachmittag habe ich mich unter den Bäumen des Dugonicsplatzes niedergelassen. Die drei Jahrzehnte sind vorbei, und die Stadt um mich ist erwachsen, indem sie sich auch verjüngt hat; sie nimmt großstädtische Allüren an, bewahrt aber auch ihre kleinständische vertraute Atmosphäre.

Szeged bedeutet für jeden etwas anderes und kann keineswegs mit seinen Produkten – Pantoffeln, Paprika, Fischsuppe, Salami – gleichgesetzt werden. Die Stadt ist heutzutage eines der wichtigsten geistigen Zentren des Landes. Ihre Forschungsinstitute und Universitäten verbreiten den Ruhm ihres schöpferischen Geistes weit über die Grenzen. Sie ist aber auch ein Zentrum der Industrie und der Landwirtschaft sowie der verschiedenen Künste, ihre Anziehungskraft wirkt auf namhafte Künstler, die sich dort niederließen.

Szeged liegt beinahe im geometrischen Mittelpunkt des Karpatenbeckens. Sie ist das verbindende Glied an der Tisza (Theiß) zwischen Siebenbürgen und Westungarn, zwischen Balkan und Mitteleuropa. Sie liegt am Knotenpunkt wichtiger Handelsstraßen, ist Umschlagplatz verschiedener Rohstoffe und Fertigprodukte. Ihre Gestaltung wurde von zwei Flüssen bestimmt, der Tisza und der Maros, die gleichzeitig als wichtige Wasserwege des Nord-Süd- und Ost-Westhandels gelten. Bereits in der Römerzeit verband eine wichtige Handelsstraße die Mündung der Maros mit der Donau.

Auf der Tisza-Insel befand sich im 2. Jahrhundert eine römische Handelsniederlassung, und die Grundrisse der mittelalterlichen Burg von Szeged – deren eine Eckbastei am Flußufer teilweise erhalten geblieben ist – weisen darauf hin, daß es hier sogar ein römisches Militärlager gab. Die mittelalterlichen Paläste werden wohl in der heutigen Vár utca gelegen haben, die Kirche zwischen dem Theater und den Burgruinen. Im Mittelalter, zur Zeit der Árpáden, diente diese vermutlich mächtige Festung dem Schutz der königlichen Salzmagazine. Die Tataren zündeten die Stadt an, doch wurde sie unter König Béla IV. wieder aufgebaut. Damals erhielt sie auch die Privilegien einer königlich freien Stadt.

Im 14. und 15. Jahrhundert wurde die Burg von Szeged ein Ausgangspunkt der Feldzüge gegen die Türken. Im August 1526 erlitten die Magyaren in der Schlacht von Mohács eine vernichtende Niederlage und bald darauf, am 28. September, wurde Szeged von den siegreichen türkischen Heerscharen geplündert. 1543 begann dann auch für Szeged die türkische Herrschaft, die fast 150 Jahre dauerte. Die Mehrheit der Bürger floh nordwärts nach Debrecen, Kassa und Nagyszombat. Mit ihnen verschwand auch jene geistige Kultur, die der Stadt die geistige Bildung der Renaissance verliehen hatte. Burg und Stadt bedeuteten für die Türken so wichtige Einnahmequellen, daß die Steuern unmittelbar der Hohen Pforte gezahlt werden mußten. Dafür durften sie zahlreiche Privilegien genießen. Obwohl die Türken mit großer Umsicht ihre Steuerzahler schützten, führte der Feldzug 1596 zur Zerstörung der umliegenden Dörfer und Siedlungen. Das bestimmte auch das spätere Schicksal von Szeged. Die Reste der Bewohner der veröderten Gebiete suchten in der Folge in der Stadt Zuflucht und verließen sie erst nach der Vertreibung der Türken. 1686 eroberten die kaiserlichen Truppen die Burg. Jetzt flohen die türkischen Familien und nur einige Familiennamen erinnert an diese Zeit.

Die erste offizielle Vermessung von Szeged stammt aus dem Jahre 1713. Zu dieser Zeit waren die drei historischen Stadtteile noch getrennt: Die mittelalterliche Burg und die angrenzende Stadtmitte, daneben die ursprünglich selbständigen Siedlungen auf den beiden Tisza-Inseln, die bis heute Alszeged (Untere Stadt) bzw. Asszonyfalva (Frauendorf) oder Felszeged, Felsőváros (Obere Stadt) heißen. Letzterer Name deutet darauf hin, daß die Obere Stadt ursprünglich Besitz der Königin war. Im 15. Jh. zeigten sich bereits die Umrisse des Stadtkerns, dessen Bild bis zur Mitte des 19. Jahrhunderts praktisch unverändert blieb.

Nach der Vertreibung der Türken spielte die Burg als Grenzfeste und Basis der Feldzüge gegen das Osmanische Reich weiterhin eine wichtige strategische Rolle. Und von der Burg aus wurde auch die Ansiedlung der Raizen, eines slawischen Volksstammes, in den Grenzgebieten geleitet. Während des Aufstandes gegen das Haus Habsburg unter dem Fürsten Rákóczi wurde die Burg 1704 von den Aufständischen belagert, blieb aber in kaiserlicher Hand.

Der türkischen Besetzung folgte die Herrschaft der Habsburger. Der Hof bemühte sich, die Rechte der Stadt einzuschränken. Ein barocker Stadtkern, ähnlich dem in den westungarischen Städten konnte sich nicht entwikkeln, da der Bischof von Csanád – der von den Türken nach Nagyszombat (heute Trnava in der CSSR) geflohen war – als neuen Sitz Temesvár (heute Timişoare in Rumänien) wählte.

Nur schwer konnte Szeged den geistigen Aderlaß, die Flucht des gebildeten Bürgertums nach Norden überwinden. 1721 jedoch eröffneten die Piaristen ihr Gymnasium und schufen damit die Grundlage des geistig-kulturellen Zentrums.

Das nach dem Rückzug der Türken entstandene ethnische Vakuum ermöglichte die Ansiedlung vieler neuer Elemente. Ende des 18., Anfang des 19. Jh. flüchteten viele Raizen aus türkischem Gebiet, zahlreiche wurden in der Stadt seßhaft, weshalb dieser Teil von Szeged eine

Zeitlang Rácváros (Raizenstadt) hieß. Dort wurde auch ihre Kirche errichtet, deren Ikonostas aus dem Jahre 1761 ein Prachtstück darstellt. Unter den Siedlern gab es aber auch kaiserliche Beamte und ehemalige Soldaten der aus Westeuropa rekrutierten Befreiungsarmeen.

Unbilden der Natur verschärften die Gegensätze zwischen den neuen Siedlern und den alteingesessenen Bewohnern. So kam es 1728 zu dem berühmt-berüchtigten Hexenprozeß von Szeged, in dessen Verlauf die Angeklagten, in der Mehrzahl ältere Personen, darunter auch der greise Stadtrichter Dániel Rózsa, unter Folter „gestanden", als Hexen die Unbilden heraufbeschworen zu haben. Und am Ufer der Tisza loderten die Scheiterhaufen… Ihr Schein verkündete die Macht des Geizes, der Unwissenheit, Böswilligkeit und Rache. Die Asche der 13 Hingerichteten wurde in die Tisza geschüttet. Der Hexenprozeß hatte jedoch mehr Opfer, da einige Angeklagte im Gefängnis starben. Jener Teil des Tisza-Ufers, wo die Hexenverbrennung stattfand, heißt heute noch „Hexeninsel".

In der 2. Hälfte des 18. Jh. erfuhr das geistige Leben in Szeged einen neuen Aufschwung. In Szeged lebte und wirkte András Dugonics, der Verfasser des ersten ungarischen Romans und Schöpfer der ungarischen matematischen Sprache. Ihm verdankt die ungarische Sprache die Begriffe „Gleichung" und „rechter Winkel".

Die strategische Bedeutung der Festung von Szeged wurde nach dem Rückzug der Türken immer geringer: Seit Ende des Jahrhunderts diente sie auch als Gefängnis. Laut Überlieferung begründeten italienische Häftlinge den Ruhm des Szegediner Salamis, nach anderen Vermutungen brachten Soldaten aus Szeged, die in der kaiserlich-königlichen Armee in der Lombardei dienten, das Rezept der „italienischen Wurst" mit. Salami wird in Szeged aus reinem Fleisch hergestellt, die Zusammensetzung der verwendeten Gewürze ist bis heute streng gehütetes Geheimnis der Salamimeister. In speziellen Reifetürmen am Ufer der Tisza bildet sich dann auf der Außenhaut der Wurst jener Edelschimmel, der ihr den unvergleichlichen Geschmack verleiht. Zum Salami gehörte als Grundgewürz selbstverständlich der Paparika. Türken brachten ihn nach Szeged und wurde anfangs als Hausmittel gegen Malaria verwendet. Erst im 19. Jh. wurde der Paprika wichtiger Bestandteil der ungarischen Küche. Als erfahrene Paprikazüchter galten die Bauern der „Unteren Stadt", wo die Häuser im Herbst auch heute noch mit roten Paprikakränzen geschmückt sind. Die „Untere Stadt", auch Paprikastadt genannt, hat so ihr eigenes dörfisches Antlitz bewahrt. Die Sonnenmotive auf den Giebeln der Häuser sind Meisterwerke der Szegediner Volksarchitektur.

Im 18. und im 19. Jh. kam es in Szeged zu einer umfangreichen „Stadtflucht" – um ein modernes Wort zu gebrauchen. Im Süden der Großen Tiefebene, in der Bácska und im Banat wurden viele Dörfer von Siedlern aus Szeged gegründet. Ausgehend vom Zentrum, verpachtete die Stadt ihren Grundbesitz in immer größeren Umkreis, bis das Grundstück schließlich 25–30 km vom Wohnsitz entfernt lag. Die Entfernung zwang die Pächter, früher oder später eine Hütte, einen Hof zu bauen. So entwickelten sich die Gehöfte, die Anwesen, diese selbständigen Wirtschaftseinheiten, die im Laufe der Jahrzehnte Reben- und Obstkulturen anlegten und zu einem außerordentlich wichtigen ökonomischen Faktor des südlichen Tiefebene wurden.

Die Stadt erfuhr im ausgehenden 18. und in den beiden ersten Dritteln des 19. Jh. einen steten, wenn auch langsamen Aufschwung. Der visionäre Plan des Ingenieurs István Vedres (1765–1830) – Schaffung eines Handelszentrums, Bau eines Donau-Tisza-Kanals blieben Vision, doch entstanden die von ihm geplanten Häuser, das auch heute noch vorhandene Rathaus, in dem im Herbst 1800 die erste Theatervorstellung stattfand, und neue Wälder wurden angelegt. Und auf dem Széchenyi tér arbeitete seit Ende 1801 die Buchdruckerei des Orbán Grünn. Das 1800 gegründete Stadtverschönerungs-Comitee beaufsichtigte die Bauarbeiten in der Stadt. Ein besonders aktives Mitglied des Comitees war der Stadtoberingenieur József Bainville (1806–1896). Ab 1861 durften in der Stadt nur noch stockhohe Häuser gebaut werden.

An die Bautätigkeit im 19. Jh. erinnern die nach ihren Erbauern benannten Orbán, Grünn, Dáni, Fekete, Zsótér und Kárász Häuser. Ein Teil der Oskola utca stammt ebenfalls aus jener Zeit. Einige Prachtbauten des 19. Jh. (Sulkowszky-Haus, Schäffer-Haus, Török-Haus, Brauswetter-Haus) fielen dem modernen Umbaufieber zum Opfer. 1829 wurde das Casino eröffnet, in dem sich die bürgerliche Intelligenz der Stadt traf. 1833 besuchte István Graf Széchenyi mit seinem Schiff Szeged, worauf 1845 auf der Tisza die Dampfschiffahrt begann. Die Eisenbahnverbindung mit Pesth wurde 1853–1854 hergestellt, 1865 wurde die Gasfabrik erbaut und die öffentliche Beleuchtung eingeführt. Die Gassen, in denen die Pferdewagen bis zur Radnabe im Kot und Schlamm versanken, wurden gepflastert.

Die Kunde von den Ereignissen des 15. März 1848 erreichte schnell Szeged. Sehr viele Einwohner schlossen sich dem Unabhängigkeitskampf an. Lajos Kossuth hielt im Oktober 1848 in Szeged eine Rede und ordnete die Freilassung der in der Burg gefangenen mehreren hundert Italienern an. Im Sommer 1849 wurde Szeged für kurze Zeit sogar Landeshauptstadt, Sitz der Regierung und der Nationalversammlung. Am 14. Juli unterzeichneten im Zsótér-Haus Lajos Kossuth und der rumänische Politiker Nicolae Bâlcescu jenen Aussöhnungsplan, der als Grundlage eines Zusammenschlusses der Völker im Donaubecken hätte dienen können. Nach der Kapitulation bei der Ortschaft Világos verlangsamte sich die Entwicklung der Stadt, die erst nach dem Ausgleich mit dem Wiener Hof wieder anlief.

Der Aufschwung wurde jedoch 1879 durch die Hochwasserkatastrophe der Tisza unterbrochen. Jahrhunderte hindurch bedrohten die Hochwasserfluten der Tisza die Stadt. Die nach den Plänen des italienischen Ingenieurs Paleocapa erfolgten Durchtiche des Flusses beschleunigten die Strömungen im Oberlauf, was eine noch nie dagewesene Flutwelle auslöste, die am 5. März 1879 nördlich von Szeged den Damm durchbrach und ein riesiges Gebiet überschwemmte. Den so angesammelten Wassermassen konnten auch die schützenden Eisenbahndämme und provisorischen Deiche nicht widerstehen. In den frühen Morgenstunden des 12. März setzte die am rechten Ufer ausgetretene Flut die Stadt buchstäblich unter Wasser. Sogar in der Kirche in der „Unteren Stadt", einem der höchsten Punkte von Szeged, stand das Wasser mannshoch. Eine Kerbe an einem Kirchentor erinnert an den Wasserstand. Das Leben der Bewohner retteten die Burgschanzen und die Soldaten unter General Pulcz, die mit Kähnen die auf Bäume und Dächer geflüchteten Bürger in Sicherheit brachten.

Der Katastrope folgte ein beispiellos schneller Wiederaufbau. Den Wiederaufbau leitete der königliche Kommissar Lajos Tisza, die Pläne wurden nach westlichen Vorbildern von Bauingenieuren unter Leitung des namhaften Architekten Lajos Lechner entworfen. Die sternförmig angelegten Ringstraßen und Avenues folgten nur teilweise der historischen Struktur der Stadt. Versumpfte Teile der Stadt wurden aufgeschüttet, die Breite der Gassen geregelt und nach den Plänen von János Feketeházy die neue Verkehrsbrücke von der Pariser Firma Eiffel gebaut. Damals wurde auch der Schutzdamm – die Szegediner „chinesische Mauer" – rund um die Stadt angelegt. Dem Wiederaufbau fielen die Burg mit dem gotischen Bauwerken und die Kirche zum Opfer. Die bürgerlichen Ziegelhäuser sind nur ein bescheidener Ersatz. Damals entstand auch das eklektische Bild der Innenstadt von Szeged.

Bis zum Ausbruch des I. Weltkrieges entwickelte sich Szeged zu einer pulsierenden, reichen, an der Schwelle der Prosperität stehenden mitteleuropäischen Stadt. Die Revolution von 1919 flammte in Szeged nur für einige Tage auf, da französische Truppen die Stadt besetzten. Die niedergeworfene Revolution, das Diktat von Trianon und die folgende Wirtschaftskrise unterbrachen die Entwicklung. Allein das geistige Szeged, das wissenschaftliche und kulturelle Leben blühte auf. 1921 übersiedelte die Universität von Kolozsvár nach Szeged, wodurch die Stadt einen kräftigen geistigen Hintergrund erhielt. In Szeged lebte und arbeitete der einzige ungarische Nobelpreisträger Albert Szent-Györgyi und von Szeged aus verbreitete sich die später weltbekannte mathematische Schule.

Nach den Plänen des Architekten Frigyes Schulek wurde 1913 mit dem Bau der Votivkirche begonnen. Die Bauleitung lag in den Händen von Ernő Foerk. Das für Szeged charakteristische Bauwerk konnte erst errichtet werden, nachdem die durch Umbau einer spätromanischen entstandene barocke Kirche, die Dömötör-Kirche, abgerissen worden war. Der I. Weltkrieg unterbrach die Bauarbeiten, die erst in den Jahren 1923–1930 beendet werden konnten. Die Arkadenreihe um den Platz vor dem Dom wurde nach den Plänen des Architekten Béla Rerrich erbaut, nachdem der Bischof von Csanád seinen Sitz nach Szeged verlegt hatte.

Vom II. Weltkrieg blieb Szeged verhältnismäßig verschont. Ein neuer Aufschwung erfolgte allerdings erst um die Mitte der 60er Jahre, als die Schwerindustrie, vor allem aber die Ölförderung an Bedeutung gewann.

Neben den alten Stadtbezirken entstanden neue, die Stadt erlebte einen starken Bevölkerungszustrom und durch die Eingliederung benachbarter Siedlungen stieg die Zahl der Einwohner auf fast 200 000. Parkanlagen, Plätze, Straßen schmücken über 450 Kunstwerke namhafter bildender Künstler, weshalb Szeged auch „Stadt der Statuen" genannt wird. Szeged erfreut sich einer äußerst reichen literarischen Tradition. Dichter und Schriftsteller wie András Dugonics, Kálmán Mikszáth, István Tömörkény, Géza Gárdonyi, Ferenc Móra, Mihály Babits, Gyula Juhász, Attila József und Miklós Radnóti – um nur die bekanntesten zu nennen – lebten und wirkten in Szeged. Die meisten führte ihr Schicksal nach Szeged, andere erfaßte der Zauber der Stadt. Jener Stadt, deren Straßen von Herbst bis Frühjahr die Masse lustiger Schüler und Studenten bevölkert, im Sommer die von überall herbeiströmenden Zuschauer der Freilicht-Aufführungen auf dem Platz vor der Votivkirche.

Die Architektur des Domplatzes bot sich förmlich für Freilicht-Aufführungen an. Der erste Versuch erfolgte 1931. In den Jahren 1933–1939 errangen die Freilicht-Aufführungen von Szeged ihren Ruf, den sie seit 1959 wieder genießen.

Blumengeschmückt und sauber erwartet Szeged seine Gäste. Am Ende des Kleinen Ringes glitzern die Chromstahlplatten des Hochwasserdenkmals im Mondschein. Auf der Promenade steht am Brückenkopf die Statue des Dichters der Stadt, Gyula Juhász und beobachtet, wie sich die Stadt an ihren Fluß Tisza schmiegt…

Szeged, some say, is "the finest mirage of the Hungarian Great Plain." We note the passing of time not so much in ourselves as in the changes wrought on our surroundings. It has been three decades since I rested, on a hot July afternoon, under the trees of Dugonics tér. The three decades have flown since I sat in that square, and the city around me has suddenly grown up, but not without preserving its intimate, small-town atmosphere.

Szeged the city means something different to each person. Be that as it may, it is more than the sum of the things it is known for: pretty Szeged slippers, fiery paprika, pungent *halászlé* (fishermen's soup) and inimitable salami, Szeged today is one of the country's centres of learning. Its research institutes and creative spirits have spread its fame far beyond the country's borders. It is an industrial and agricultural centre, a major artery in the country's financial bloodstream. It is a cultural centre too, attracting many great artists and performers.

Szeged lies almost at the geometrical centre of the Carpathian Basin, on the river Tisza, a link between Transylvania and Transdanubia, the Balkans and Central Europe. It grew up at an important commercial crossroads, where raw materials and finished products have passed for many centuries. Its development had been determined by the rivers Tisza and Maros, which have served as commercial waterways running NS and EW. As far back as Roman times a packway led across the sands of the Danube-Tisza region, linking the mouth of the Maros with the Danube.

In the 2nd c AD there was a Roman trading post on the island in the Tisza, and the foundations of Szeged castle suggest that the medieval structure was built over an earlier fort. The walls of one of the medieval corner bastions still rise above the Great Plain from the shores of the Tisza. On the S side, the old town wall led from here to Széchenyi tér and then wound its way back to the Tisza at the point where the county court stands today.

The medieval mansions must have fronted onto today's Vár utca, and the castle church have stood between the theatre and the castle remains. By the time of the Árpád kings of the 11th to 13th cc there was an important fortress here, mainly to protect the king's salt supplies. The Mongols ravaged and burnt the city, but in the 13th c King Béla IV had it rebuilt, and Szeged received a royal charter. In the 14th c it became a county seat, and by the 15th its castle was one of the points of departure for battles against the Turks. After the fatal defeat at Mohács in August 1526, the Turks ransacked the town. In 1543 Szeged too succumbed to almost 150 years of Turkish occupation, and many of its citizens fled N to Debrecen, Kassa (Košice) and Nagyszombat (Trnava), taking with them the high Renaissance standards of culture which had raised the city to the highest level in the country.

Yet the castle and city remained so prosperous they were taxed directly by the sultan, and as a *khas*, the city enjoyed many privileges. The Turks were careful to preserve its prosperity, and the villages and small towns around were not laid waste until the great military campaigns of 1596 sealed their fate for centuries to come. The surviving inhabitants sought refuge in the city, where the population remained confined until the end of Turkish rule. The castle itself was reoccupied by the emperor's forces in 1686. The Turkish families fled, and today only a few family names preserve their memory.

The first authentic survey of the city was made in 1711, when the three historical areas of the city were still distinct. The castle area was probably occupied in Árpád times, and separate communities sprang up on two nearby islands, which have preserved their names as the upper and lower towns (Felsőváros and Alsóváros). The former was known also as Asszonyfalva (lady's village) and was once a domain of the queen.

By the 15th c, when the houses of the country's notables were already standing along the palisade, the city received the appearance it was to keep it until the mid-19th c.

After the Turks were expelled, the castle retained its strategic importance, and the Serbs being settled along the frontiers and the troops liberating the country from the Turks would set out from here. When news of the anti-Habsburg uprising under Prince Ferenc Rákóczi II of Transylvania arrived, many joined the Kuruts, as Rákóczi's men were called. In the summer of 1704, the Kuruts army besieged Szeged but could not take it. In fact Turkish occupation gave way to imperial rule from Austia. The imperial chamber tried to reduce the city's rights. Other cities further W in Transdanubia developed fine Baroque centres, but not Szeged, as the bishopric of Csanád, which had left the city for Nagyszombat during the Turkish period, chose to return to Temesvár (Timişoara) instead of Szeged.

This blow to Szeged's cultural and ecclesiastical importance was not easy to remedy. The city's wealthier, educated citizens had fled N from the Turks too. Nevertheless, a Piarist grammar school opened in 1721, as the germ of a centre of culture and education.

Turkish rule had cause depopulation, and after the Turks were ousted many settlers arrived. At the turn of the 17th and 18th cc Serbs fled here in their thousands from areas still ravaged by the Turks, many settling around the castle, and for a time the area was known as Rácváros (Serbian Town). They built a church whose iconostasis (1761) in one of the gems of the period.

The settlers were a mixed bunch, ranging from clerks in the imperial service to soldiers from the liberating armies of western Europe. Conflicts between them and the original inhabitants were exacerbated by natural disasters, and one result was the notorious Szeged witchcraft trial of 1728. Most of the accused were old, including the aged burgomaster, Dániel Rózsa. Under excruciating torture they confessed to witchcraft and to causing the natural disasters. Their pyres were lighted on the river bank and the ashes of 13 victims were cast on the waters. But there were more victims than that, as some are known to have died in prison. The area is still known as Boszorkánysziget (Witches' Island).

Intellectually the city blossomed in the latter half of the 18th c. András Dugonics, author of the first novel in Hungarian and a contributor to the creation of a mathematical vocabulary in Hungarian (with words like "equation" and "right angle") lived here.

Szeged castle lost its strategic importance once the Temesköz region was liberated and the Turks were well and truly beaten. From the end of the 18th c it was used partly as a prison. According to some, the famous Szeged salami was first made here by Italian prisoners in the 19th c, but others contend it was the soldiers from Szeged stationed in Lombardy who brought the recipe back with them. Szeged salami is made from pure lean meat, and the secret of the spices that provide the special flavour is jealously guarded to this day by the master salami makers. The "noble mould" that dusts the surface and gives Szeged salami an inimitable flavour grows in the unusual, humid microclimate of the maturing house on the shore of the Tisza.

As you would expect, one of the major ingredients of Szeged salami is spice paprika, which became known in and around Szeged during the Turkish period. Initially it was taken as a medicine against malaria. Not until the 19th c was it widely used as a spice. It was grown by the inhabitants of the lower town, where wreaths of paprika can still be seen drying on the porches to this day. This lower or "paprika" town has retained its rural flavour, not least in the cottage architecture, ornamented with sunray designs.

The 18 and 19th cc were a time of great settlement. Many villages on the southern Great Plain and in the Bácska region and the Banate, and were peopled by settlers from Szeged, creating a farming world with Szeged as its hub. The city rented out its lands in an ever expanding circle, the first tenants receiving land closest to the city, while latecomers' holdings might be 35-30 km away. At first people still lived in Szeged and went out to work in the fields. Later the distances made that impossible, and their summer shacks became permanent homesteads on their land. It created a curious landscape dotted with self-sufficient farms specializing in vines and fruit. These remain very important to the regional economy.

The end of the 18th and much of the 19th c were a period of slow, steady progress for the city. The farsighted plans of the engineer István Vedres (1765-1830) for a commercial centre and a Danube-Tisza canal were never realized, but houses he designed were built and woods he planned were laid out. In 1800 the first theatre performance was held in the city hall, which stands to this day. From the end of 1801 a printing press was run in Széchenyi tér by Orbán Grünn.

From 1800 a beautification commission kept a close watch over architectural development. One influential member was the city's chief engineer, József Bainville (1806-1896). After 1861 the commissioners would only allow tall houses to be built in the city centre. Several fine scheduled historic buildings still recall 19th c Szeged, including the Orbán Grünn, Dáni, Fekete, Zsótér and Kárász houses. Part of Oskola utca dates from this period. Sadly, many fine 19th c buildings (the Sulkowszky, Schäffer, Török and Brauswetter houses, for instance) have fallen victim to rebuilding schemes in recent years. In 1829 the city's professionals found a club, the Szeged Casino. After a visit by a steamer in 1833 (when the great reforming statesman Count István Széchenyi arrived on it), regular steamer services on the Tisza began in 1845. In 1853-4 the railway was completed as far as Pest. In 1865 a gasworks was built and street lighting began. The mire of the streets was banished as cobbles were laid.

News of the events of March 15, 1848 was quick to reach Szeged, and many Szeged people took part in the 1848-9 revolution and war of independence against the Habsburgs. In October 1848, Lajos Kossuth, soon to be governing president of the shortlived independent administration, made a recruiting speech and then ordered hundreds of Italians imprisoned in the castle to be freed. For a short period in the summer of 1849 Szeged served as the seat of the country's government and the national assembly. On July 14 it was here, in the Zsótér House, that Kossuth and the Romanian Nicolae Bâlcescu signed a plan of reconciliation that might have been a real starting point for a federation of the Danube peoples, had the war not been lost.

After the surrender at Világos (Siria) that ended the war, Szeged's development, like Hungary's, lost momentum until after the 1867 compromise or *Ausgleich* with the Habsburgs. The new prosperity was brutally curtailed by the great flood of March 5, 1879, when the spring floods burst the dyke just N of Szeged and left a huge area under water. (The Tisza had been unruly for centuries, but cuts planned by the Italian engineer Paleocapa had increased the flow of the water from the upper reaches, so causing the fatal flood lower down.) The railway embankments and temporary dykes were no match for the mightily swollen river, and on the early morning of March 12 the water on the Csongrád side invaded the city itself. Even inside the church of the lower town, one of the highest points in Szeged, the water was over a man's head, as can be seen from a mark on the door. The citizens's lives were saved by the fortifications of the castle and by the soldiers stationed there, who were prepared and went out in boats picking people up from trees and rooftops.

After the catastrophe, the city was rebuilt in an astonishingly short time. The work was directed by a royal overseer, and planned by the famous Hungarian architect Lajos Lechner and his team, along the lines then fashionable in western Europe. The radial streets and circular boulevard only followed the old street pattern in part. Some marshland was drained street widths were standardized, and a new public bridge was built by the Eiffel company to the designs of János Feketeházy. The circular "Chinese wall" around the city dates from the same time. However, the castle with its Gothic palaces and church fell victim to the rebuilders, and the row of brick town mansions is poor recompense. On the other hand, Szeged's modern centre, the "palace city", was built as a result of the flood, and the remarkable Eclectic (composite historical) style appeared.

At the outbreak of the First World War Szeged was a truly central European city on the threshold of real prosperity. But the treaty of Trianon after the war drew the country's new border so close to the city that an economic crisis brought development to an end. For the most part only the scientific and cultural life continued to develop. In 1921 the university of Kolozsvár (Cluj Napoca) moved to Szeged, providing a strong academic basis. Here it was that the only Hungarian to win a Nobel Prize while working in Hungary, Albert Szent-Györgyi, did his great biochemical research. The mathematicians of Szeged formed a world famous school.

Work on Szeged's best known building, the Votive Church, had begun in 1913. The war intervened, but construction was resumed in 1923 and finished in 1930, when the bishop of Csanád returned at last to Szeged. The row of arcades in Dóm tér, the square where the great church stands, date from the same time.

The Second World War caused relatively little dammage. In the 1960s heavy industry and oil exploration brought another period of development.

New districts sprang up alongside the old. Many people came to live here, and neighbouring villages were incorporated, so that Szeged today had a population of almost 200,000. Its parks and squares boast more than 450 pieces of sculpture, earning it the nickname "city of statues". Apart from Budapest, Szeged is the Hungarian city with the greatest literary tradition: András Dugonics, Kálmán Mikszáth, István Tömörkény, Géza Gárdonyi, Ferenc Móra, Mihály Babits, Gyula Juhász, Attila József and Miklós Radnóti were among the city's famous literary sons. Most arrived by chance, but stayed, enchanted by the city. The streets are made more colourful from autumn to spring by the many young people who attend its colleges and schools, and in the summer the crowds arrive for the open-air festival. Dóm tér was a gift as a site for outdoor theatre, and the first performances were staged there in 1931 by Ferenc Hont's company. Between 1933 and 1939 the performances gained a formidable reputation. They were resumed in 1959.

This city of sunshine awaits its visitors clad in flowers, and at night, under the bluish-black skies, the fanfares carry far and wide the news "famous Szeged city". At the end of the inner boulevard (Kiskörút), the chromium steel sheets of the Flood Memorial shine in the moonlight. On the promenade by the bridge stands the statue of Szeged's great poet, Gyula Juhász, watching the city that clasps the Tisza in a loving embrace.

◁ *Szegedi látkép a Tiszával*
Szeged und der Fluß Tisza
Szeged from the Tisza

Pihenő csónakok ▷
Rastende Boote
Boats at rest

A régi Tisza-híd
Die alte Tisza-Brücke
The old Tisza bridge

A városháza és a Fogadalmi templom tornyai ▷
Das Rathaus und die Türme der Votivkirche
The city hall and the towers of the Votive Church

Belvárosi részlet
In der Innenstadt
Part of the inner city

◁ *A neobarokk városháza a Széchenyi téren*
Das neobarocke Rathaus auf dem Széchenyi tér
The neo-Baroque city hall in Széchenyi tér

A városháza dísztermének mennyezete
Rathaus, die Decke des Prunksaales
Ceiling of the reception chamber in the city hall

A városháza főkapuja
Rathaus, Haupteingang
The gate into the courtyard of the city hall

Az újjáépített városháza díszeit a korszak legjobb kézművesei készítették
Arbeiten der besten Handwerker der Stadt schmücken das neugebaute Rathaus
The adornments of the rebuilt city hall were made by the best craftsmen of the day

◁ *A szegedi „Sóhajok hídja"*
Die „Seufzerbrücke" von Szeged
Szeged's "Bridge of Sighs"

A városháza előtt
Vor dem Rathaus
In front of the city hall

Friss hírek a Széchenyi téren
Neueste Nachrichten auf dem Széchenyi tér
The latest news in Széchenyi tér

Szerelem a Dugonics téren
Amor auf dem Dugonics tér
Love in Dugonics tér

A szegedi korzó
Der Korso von Szeged
Szeged's promenade

◁ *A Klauzál tér a város fóruma, az ország egyik legszebb*
zárt tere
Der Klauzál tér, das Forum der Stadt, einer
der schönsten abgeschlossenen Plätze des Landes
Klauzál tér is the city's forum, and one of the country's
most beautiful enclosed squares

Belvárosi házrészletek
Innenstädtische Fassaden
Details of the house in the inner city

◁ *Nyári délután a Klauzál téri Virág cukrászda teraszán*
Sommernachmittag auf der Terrasse der Konditorei „Virág"
auf dem Klauzál tér
A summer afternoon on the terrace of the Virág Café in
Klauzál tér

Mediterrán hangulat a Kárász utcában
Mediterrane Atmosphäre in der Kárász utca
A Mediterranean feel in Kárász utca

A Klauzál téren áll Pátzay Pál szobra, a „Kenyérszegő"
„Das neue Brot" eine Skulptur von Pál Pátzay auf dem
Kluzál tér
Pál Pátzay's statue "The Breadslicer" stands in Kluzál tér

◁A József Attila Tudományegyetem központi épülete
Das Hauptgebäude der „Attila József" Universität
The main building of the Attila József University of Sciences

A Dugonics tér
Der Dugonics tér
Dugonics tér

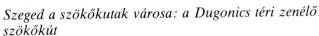

Szeged a szökőkutak városa: a Dugonics téri zenélő szökőkút
Szeged, die Stadt der Springbrunnen: Musizierender Brunnen auf dem Dugonics tér
Szeged is a city of fountains: the musical fountain in Dugonics tér

Szökőkút az újszegedi Biológiai Központ előtt
Springbrunnen vor dem Biologischen Zentrum in Újszeged
A fountain in front of the Hungarian Academy of Sciences' Institute of Biology

Akit ... „eltanácsolt az egyetem / fura / ura". ▷
József Attila szobra (Varga Imre alkotása)
Der Dichter Attila József (Statue von Imre Varga)
A statue by Imre Varga of Attila József

Diákok a Dugonics téren
Studenten auf dem Dugonics tér
Students in Dugonics tér

A korszerűen felszerelt klinikákon gyógyító, kutató, oktató munka folyik
In den modern ausgestatteten Kliniken wird geheilt, geforscht und unterrichtet
Medical, research and educational work takes place at the city's modern teaching hospitals

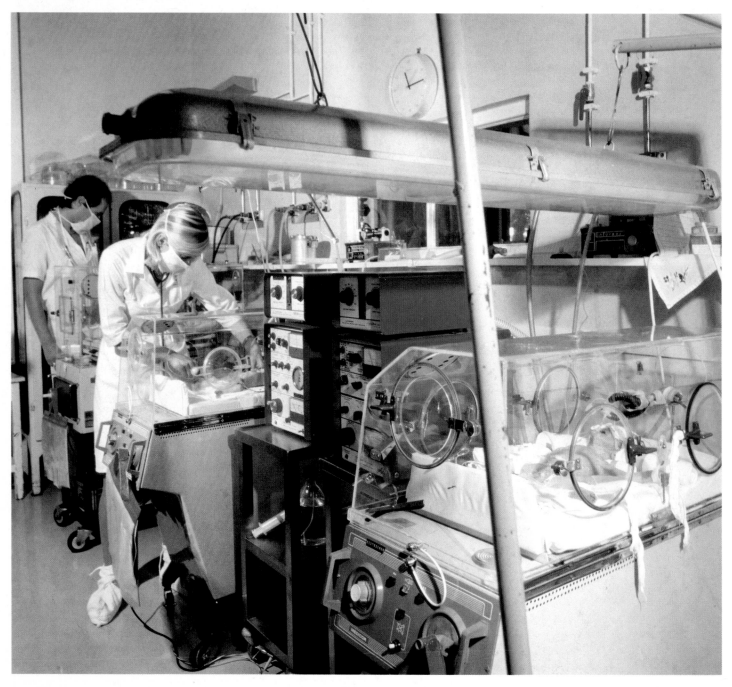

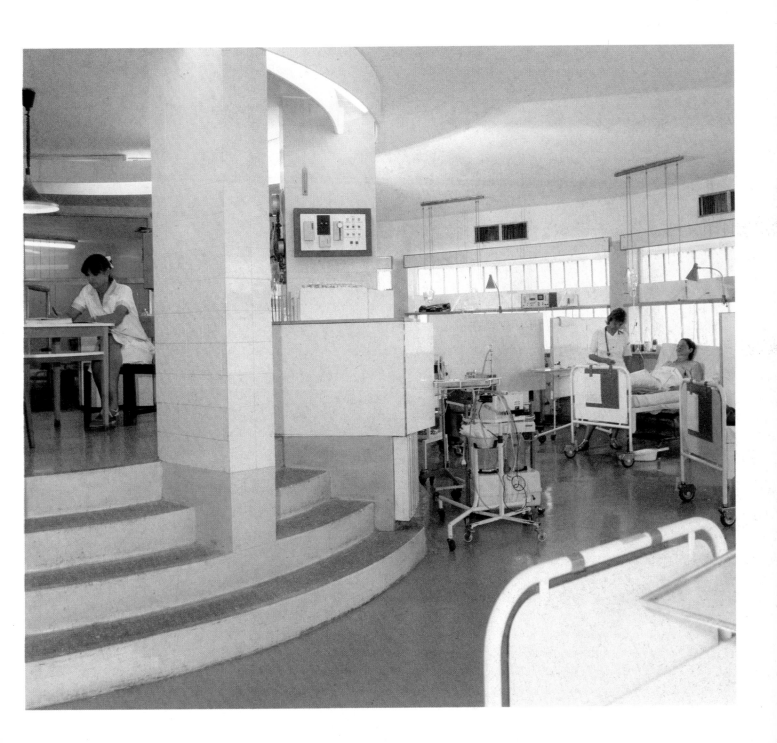

◁ *Szecessziós saroktornyok*
Ecktürme (Jugendstil)
Corner tower (Art nouveau style)

Az 1857-ben épült Fekete-ház ▷
Das Fekete-Haus wurde 1857 gebaut
The Fekete House, built in 1857

A Fekete-ház udvara
Innenhof des Fekete-Hauses
The courtyard of the Fekete House

◁ *Sárkányölő Szent György szobra a Rerrich Béla téren*
Sankt Georg, der Drachentöter, auf dem Rerrich Béla tér
St George and the Dragon in Rerrich Béla tér

Hősi halottak sírjai a belvárosi temetőben
Heldengräber im Innenstädter Friedhof
Graves of heroes in the inner city cemetery

A Fogadalmi templom tornyai uralják a várost. A Dóm tér épületkoszorújából kimagasodva, szinte mindenünnen láthatók

Die Türme der Votivkirche beherrschen das Stadtbild. Herausragend aus dem Gebäudekranz des Domplatzes sind sie von jeder Ecke der Stadt zu sehen

The towers of the Votive Church above the city. Wreathed by the buildings of Dóm tér, they can be seen from almost anywhere in the city

◁ *A neoromán stílusú Fogadalmi templom kupolája*
Die neoromanische Kuppel der Votivkirche
The dome of the Votive Church, in Romanesque Revival style

▷

A román alapokon álló kora gótikus Dömötör torony
Der auf romanischem Fundament stehende frühgotische Dömötör-Turm
The early Gothic Dömötör Tower stands on Romanesque foundations

A kőbárány – XII. századi dombormű a Dömötör torony kapuja felett
Das Steinerne Lamm – ein Relief aus dem 12. Jh. – über dem Tor des Dömötör-Turmes
The stone lamb, a 12th c relief above the gate of the Dömötör Tower

A homlokzat középpontjában álló Szűz Mária szobor
Die Heilige Jungfrau im Mittelpunkt der Turmfassade
A statue of the Virgin Mary stands in the centre of the main front

Színházi este a Dóm téren
Freilichtaufführung auf dem Domplatz
Theatre in Dóm tér

Téli álmot alszik a nyári színház
Das Sommertheater im Winter
A summer theatre in hibernation

A Dóm tér árkádsora alatt
Unter den Arkaden des Domplatzes
Under the arcades of Dóm tér

Az 1778-ban épült görögkeleti szerb templom ikonosztáza
Ikonostas in der 1778 erbauten serbisch-orthodoxen Kirche
The iconostasis of the 18th c Serbian Orthodox church

A színház íves homlokzata
Fassade des Theaters
The arched front of the theatre

A színház mennyezeti freskói
Deckengemälde des Theaters
The frescoed ceiling of the theatre

◁ Az új Hungária Szálló
Das neue Hotel Hungária
The new Hotel Hungária

A Megyei Tanács épületének belső architektúrája
Innenarchitektur im Gebäude des Komitatsrates
Inside the county hall

◁Szökőkút a múzeum előtt
Springbrunnen vor dem Museum
Fountain in front of the museum

Juhász Gyulának, Szeged nagy költőjének szobra
(Segesdi György alkotása)
Denkmal des Szegediner Dichters Gyula Juhász
von György Segesdi
A statue by György Segesdi (1958) of Gyula Juhász,
the city's great poet

Dankó Pista szobra a Kass Szálló előtt
(Margó Ede alkotása)
Denkmal des Zigeunerprimas' Pista Dankó vor dem Hotel
Kass (Ede Margó, 1912)
Ede Margó's statue of the Gypsy musician Pista Dankó,
outside the Kass Hotel (1912)

A századfordulón épült a Közművelődési Palota ▷
(Móra Ferenc Múzeum)
Der um die Jahrhundertwende errichtete Kulturpalast
(„Móra Ferenc"-Museum)
The Palace of Public Education (Ferenc Móra Museum)
was built at the turn of the 19th and 20th cc

A múzeum bejáratát őrző szobrok
Statuen am Eingang des Museums
The statues guarding the entrance to the museum

A Sellő-ház Makrisz Agamemnon plasztikájáról kapta nevét
Das Nixen-Haus – benannt nach der Plastik von Agamemnon Makris
The Mermaid House received its name from the statue by Agamemnon Makris, a Greek-born Hungarian sculptor

A Tisza Szeged főutcája, partjain kora tavasztól késő őszig pezsgő élet folyik
Die Hauptstraße der Stadt: die Tisza, anderen Ufern von Frühling bis Herbst reges Leben herrscht
The Tisza is Szeged's main thoroughfare, and its shores bustle with life from early spring to late autumn

Az újszegedi Biológiai Központ, előtte Józsa Bálint ▷
térplasztikája
Biologisches Zentrum in Újszeged, davor eine Plastik von
Bálint Józsa
The Hungarian Academy of Sciences's Institute of Biology
in Újszeged, the part of the city on the far side of the Tisza,
with a sculpture by Bálint Józsa

Az árvízi emlékmű (Segesdi György alkotása)
Das Hochwasserdenkmal von György Segesdi (1979)
The Flood Memorial by György Segesdi (1979)

◁ *Családi házak Újszegeden*
Einfamilienhäuser in Újszeged
Family homes in Újszeged

Paizs László műanyag térplasztikája Újszegeden
Kunststoffplastik von László Paizs in Újszeged
A plastic statue by László Paizs in Újszeged

Az új sportuszoda
Die neue Sportschwimmhalle
The new competition pool

◁ Fölsőváros az egykori minorita templommal
Die ehemalige Minoritenkirche in der „Oberen Stadt"
The former Minorite Church in the upper town

Fölsővárosi látkép
Die „Obere Stadt"
Upper-town scene

Alsóvárosi részletek – ez a városrész sokat megőrzött önmagából
Die „Untere Stadt", die viel von ihrem einstigen Charakter bewahrt hat
Details in the lower town, showing how the original charakter has survived

A késő gótikus alsóvárosi templom, a város egyik legszebb műemléke. A templom gótikus támpillérei
Die spätgotische Kirche in der „Unteren Stadt", eines der schönsten Baudenkmäler der Stadt. Gotische Strebepfeiler der Kirche
The late Gothic church of the lower town, one of the city's finest scheduled historic buildings, and its Gothic buttresses

A templom gótikus hálóboltozata és barokk berendezése ▷
Gothisches Gewölbe und barocke Ausstattung der Kirche
The Gothic ceiling and Baroque furnishings of the church

Mátyás király. A bautzeni dombormű másolata a templom falán
König Matthias Corvinus. Kopie des Reliefs von Bautzen
King Matthias, a copy of a relief from Bautzen on the wall of the church

Mária a „Napba öltözött asszony". 1713-ban készült az alsóvárosi templom barokk főoltára
„Maria im Sonnengewand" – Der 1713 errichtete barocke Hauptaltar der Kirche in der „Unteren Stadt"
Mary, "Our Lady Bathed in Sunshine". The Baroque main altar of the lower-city church dates from 1713

Árvízi emlék a templom ajtaján
Hochwasserstandkerbe am Kirchentor
A reminder of the great flood of 1879 on the door
of the church

A templomajtó régi kovácsoltvas kilincse
Alte schmiedeeiserne Klinke des Kirchentors
The wrought iron handle of the church door

Piros függönyök a házak oldalán. Ősszel Alsóvároson ▷
és a Szeged környéki tanyákon száradó paprikafüzérek
díszítik a házakat
Rote Gardinen an der Hausmauern: Paprikakränze
schmücken im Herbst die Häuser in der „Unteren Stadt"
und die Gehöfte in der Umgebung
Paprika draped on the sides of the cottages to dry in
the lower town, a common autumn sight

Jellegzetes szegedi „napsugaras" oromdíszű parasztház
Bauernhaus mit typischem Sonnenmotiv auf dem Giebel
A typical peasant house with a sunray ornament

A Szeged-környéki puszta
Gehöfte bei Szeged
The puszta around Szeged

*Egy XX. sz. eleji szupermarket és az egykori kisvasút
a skanzenben
Ein „Supermarket" aus den Anfängen des 20. Jahrhunderts
und die alte Lokalbahn im Dorfmuseum
Early 20th c store and narrow-gauge locomotive at the
open-air museum*

◁ *Tanyaudvar*
Bauernhof
The yard of a homestead

*A tanyák még most is állnak, de eredeti berendezésüket
ma már csak a múzeumban lehet látni*
*Die Gehöfte stehen bis heute, ihre ursprünglichen
Einrichtungen sind nur noch im Museum zu sehen*
*The homesteads still stand, but their original furniture and
implements are treasured in museums*

◁ *A város jelenét és jövőjét is meghatározza a környékén lelt olajkincs, az „égő arany"*
Das „brennende Gold", das Erdöl bestimmt Gegenwart und Zukunft der Stadt
The oil near Szeged has made a mark on the present and future of the city's economy

A dorozsmai szélmalom ▷
Die Windmühle von Dorozsma
The Dorozsma windmill

Az ópusztaszeri Nemzeti Történeti Emlékparkban
Der Nationale Historische Gedenkpark in Ópusztaszer
In the National Memorial Park, Ópusztaszer

Az egykori hihetetlen halbőség már a múlté, de még mindig
kenyeret ad a halászembernek a Tisza
Die Tisza ist längst nicht mehr so reich an Fischen wie einst,
doch bieten sie den Fischern immer noch einen
Lebensunterhalt
The Tisza may not team with fish as it did once, but
a fisherman can still make a living

Talán az utolsó tutaj a Tiszán
Vielleicht die letzten Holzflöße auf der Tisza…
Perhaps the last logging raft on the Tisza